APOLOGIE

DES MINISTRES.

ENTRETIENS

PHILOSOPHIQUES ET POLITIQUES.

Par A***.

PRIX : 90 cent.

A PARIS,

Chez { DELAUNAY, Libraire au Palais-Royal.
Mme. CAMILLE-DUFRÊNE, Libraire rue du Marché-
S.t-Honoré, n.º 4.

1821.

APOLOGIE
DES MINISTRES.

L. — **V**ous voulez, mon cher ami, que je vous donne une idée de cette constitution de 91 que l'on voit étalée, dites-vous, dans les boutiques de tous les libraires : je vais vous satisfaire; et puisque vous connaissez la Charte, ma tâche n'est pas difficile à remplir. Faites sanctionner les traités de paix et de guerre par le corps législatif; faites nommer un certain nombre de fonctionnaires publics par les assemblées électorales; restreignez la garde royale à 1800 hommes; retranchez la chambre des pairs; ajoutez au corps législatif le droit de s'assembler, sans convocation, à des époques fixées; et vous aurez cette constitution célèbre.

Vous penserez sans doute comme moi, que l'Assemblée Nationale a manqué le but qu'elle s'était proposé, lorsqu'elle a proclamé l'existence d'une seule assemblée législative. Il faut qu'il y ait dans le gouvernement une Chambre-Haute pour s'opposer à la démocratie et aux prétentions immodérées de la Chambre des députés : et je pourrais vous citer à l'appui de mon opinion, beaucoup d'exemples puisés dans les annales de notre révolution ; mais je m'aperçois que la Providence, qui veille sur la terre très-chrétienne, a pris soin d'écarter de nous un semblable danger.

L. — Vous avez raison, mon cher ami, de vous rassurer sur ces dangers, car la démocratie de la Chambre des députés, ressemble beaucoup à l'aristocratie d'une Chambre-Haute; et si Mirabeau, revenait parmi nous avec le desir de défendre les franchises de la nation , il irait s'asseoir de préférence sur les bancs veloutés du Luxembourg.

Ce n'est pas cependant que je veuille attribuer aux pairs l'honneur d'avoir défendu avec trop d'opiniâtreté les droits du peuple; je ne veux pas non plus les accuser d'avoir négligé les prérogatives de la couronne et de la haute aristocratie : ce sont des reproches que je suis loin de leur adresser ; mais il me semble qu'il est difficile de ne pas éprouver un sentiment de surprise et d'étonnement en voyant une assemblée faite par le peuple et pour le peuple seul, montrer plus d'empressement pour restreindre ou anéantir les libertés du peuple, que pour les étendre ou les maintenir dans leur état primitif: que faudrait-il donc si vous trouviez trop de démocratie dans quelques centaines de propriétaires choisis par d'autres propriétaires, qui jouissent eux-mêmes d'une fortune indépendante, ou d'une industrie productive et honorée?

M. — Je reviens à mon sujet, et d'abord je vous fais remarquer que la constitution enlève au roi le droit de dissoudre le corps législatif; ce qui est l'attaque la plus violente contre le trône, et le vice le plus grave qu'on puisse signaler dans une constitution.

Il faut que les ministres aient le pouvoir de consulter le peuple, en dissolvant la Chambre, lorsque cette Chambre attaque les prérogatives du trône, ou qu'elle entrave la marche du gouvernement par des oppositions injustes ou intempestives; il faut, dis-je, que les ministres puissent exposer aux yeux de la nation, la marche qu'ils veulent suivre et les obstacles qu'ils ont éprouvés de la part des députés, afin que la nation puisse juger de quel côté elle doit se ranger pour décider la question.

L.—Les ministres actuels vous diront, si vous l'ignorez, comment le gouvernement peut faire connaître sa pensée; ils vous diront comment les journaux leur sont ouverts, et comment ils sont fermés à leurs adversaires; ils vous apprendront qu'au moyen de certains articles dont le fonds peut être puisé dans la biographie de MM.***, l'on peut exclure des élections les candidats qui paraissent refuser d'avance d'aller s'asseoir sur les bancs du milieu.

M. — Mais, supposez que malgré le renouvellement des membres, leurs *excellences* ne puissent pas acquérir une majorité *compacte*; supposez que cet esprit d'opposition et d'indépendance continue de se montrer dans la nouvelle Chambre.

L.—Si cela arrive, c'est aux ministres à se dissoudre, ou à changer de système; car une nation éclairée ne peut pas errer, lorsqu'on l'avertit de se tenir en garde : Eh ! quoi, MM. les ministres seraient sortis de la voie constitutionnelle, et vous vous étonneriez que la Chambre législative refusât de les suivre ! Dans ce cas, les ministres doivent abdiquer leurs places, pour les remettre dans des mains plus sûres ou plus habiles.

M. — Je ne me permettrai point d'attaquer les ministres ni dans leurs actes, ni dans leurs intentions, parce que je suis intimement persuadé qu'ils veulent arriver au même but que leurs adversaires, seulement il y a divergence d'opinion, lorsqu'il faut choisir un chemin pour arriver à ce but.

L. — Je conçois très-bien que l'on puisse suivre la rive droite ou la rive gauche d'une rivière, pour arriver à sa destination; mais je ne conçois pas qu'on puisse prendre le milieu sans se noyer : et ce milieu est précisément la route favorite des ministres. Si parfois, ils paraissent naviguer à pleines voiles, ils sont bientôt jetés sur un des bords, et plutôt que de mettre pied à terre sur la rive, ils attendent là qu'un ouragan vienne les remettre sur l'eau ; mais souvent c'est un reflux de la mer qui les force à remonter vers la source. Ils ne s'apperçoivent pas que leurs nautonniers, loin de conduire le vaisseau qui les porte, sont au contraire entraînés par lui, et ne font que le *lester* inutilement.

Soyez de bonne foi, MM. les ministres, avouez que votre système consiste à céder aveuglément à toutes les impressions ; avouez que vous cédez plus volontiers aux impulsions extérieures, qu'aux cris accusateurs de l'opinion qui vous poursuit.

Avouez que vous avez défendu une loi à coups de pairs ; avouez que vous l'avez abattue un peu plus tard à coups de ministres ; avouez que vous étiez perdus si vous n'aviez pas trouvé l'appui de cette partie de la Chambre qui a le plaisir de se voir entourée de factieux à vingt mille livres de rente ; avouez que vous avez vu passer ces factieux successivement de la gauche à la droite et de la droite à la gauche, sans que cependant ils aient bougé un seul instant de leur place ; avouez que ces factieux de droite et de gauche ont tenu constamment le même langage, tandis que vos discours ont été aussi mobiles que la girouette qui tourne à tout vent.

M. — Je suis loin de partager vos sentimens ; je pense, au contraire, que cette majorité du milieu est fort nécessaire : je pense qu'elle vote suivant sa propre conviction, quoique parfois, il lui soit arrivé de voter sur la même question, en sens opposé ; mais vous n'ignorez pas, que le temps, l'expérience et la méditation peuvent nous ramener à des idées ou à des opinions que nous avions d'abord rejetées à un premier examen. Je sais, il est vrai, que le vulgaire peut s'étonner de ces changemens subits dans le langage et les actions d'un individu ; mais l'homme observateur, qui sait méditer et pénétrer dans les replis du cœur humain, ne peut pas s'étonner de ce phénomène, devenu si commun de nos jours : Et, quoique ma modestie puisse souffrir de me placer moi-même au nombre de ces penseurs profonds, je vous avoue que j'excuse les prétendues contradictions que l'on attribue aux auxiliaires ministériels ; elles sont si naturelles que je ne puis trop m'étonner, que l'on n'eût pas encore trouvé quelqu'un qui se chargeât de les expliquer d'une manière satisfaisante.

Les recherches que j'ai faites m'ont mis à même de réparer cet oubli; et puisque je me suis donné pour un savant, je veux, à leur exemple, poser d'une manière claire et précise la question que je me propose de résoudre. Voici son énoncé :

Question.— Etant donné un certain nombre de personnes que je suppose assises au centre d'un amphithéâtre, et entourées d'un nombre à peu près égal d'autres personnes, on propose de déterminer dans quelles circonstances ces personnes parleront et voteront de la même manière que cinq ou six personnes à colets brodés, placées en face, sur un banc particulier; et pour rendre la question plus générale, je me propose aussi de déterminer quel est l'intervalle nécessaire pour que ces mêmes personnes puissent parler et voter dans un sens diamétralement opposé à leur premier vote.

Solution : MM. les membres du centre sont des hommes polis, bien élevés, qui ont l'habitude du grand monde, et qui aiment, par conséquent, à dîner en grande société, chez les ministres, par exemple; vous sentez bien que ce

*

n'est pas le plaisir de dîner qui doit les attirer, mais uniquement le plaisir de vivre dans le grand monde, qui est leur élément naturel : là, ils trouvent la même cuisine, ils boivent les mêmes vins, ils arrosent leurs gosiers des mêmes liqueurs, ils hument le même moka; et comme ces messieurs sont remplis d'amabilité et de politesse, ils prodiguent à leurs hôtes ces jolis complimens, ces petits riens aimables, que la galanterie française a inventés pour un autre sexe : des égards si délicats finissent par séduire les ministres, jusqu'à leur faire oublier leur sexe, et alors ils ne souffrent plus aucune espèce de contrariété; ils demandent hautement qu'on les loue, et aussitôt les convives les environnent à l'envi l'un de l'autre, ils les suivent dans leurs mouvemens, ils s'attachent à leurs pas, et cherchent à deviner dans leurs yeux jusqu'à leurs moindres désirs. Or, il est connu par tous les physiologistes et par tous les métaphysiciens, que les idées viennent des sens, et que les sensations extérieures que nous éprouvons ont un certain rapport avec les idées qu'elles nous communiquent; de là vient que les Anglais, qui vivent dans un climat humide et au milieu d'une atmosphère couverte de brouillards, ont toujours porté une physionomie sombre et un tempérament mélancolique, qui les porte à s'abandonner au penchant irrésistible du *spleen* : au contraire, les Italiens qui respirent sous un ciel toujours brillant de beauté, sont distingués des autres peuples par la vivacité et la gaîté de leur caractère. On conçoit donc que, puisque MM. les membres du centre sont placés sous l'influence des mêmes émanations gastronomiques, et qu'ils respirent toujours la même atmosphère ministérielle; on conçoit, dis je, que leur tempérament doit acquérir un caractère particulier à cette espèce d'atmosphère, et l'expérience prouve que ce caractère consiste dans une disposition plus ou moins forte, qui leur donne la faculté de voter avec des boules de couleur ministérielles. Cette théorie nous paraît d'autant plus naturelle, qu'elle explique de la manière la plus satisfaisante la plupart des anomalies qui se sont offertes dans le cours des sessions que nous avons vues.

On a remarqué, par exemple, que la présence des ministres dans les Chambres avait l'effet de donner une compacité plus forte à la majorité, et une ténacité plus grande dans les rappels à l'ordre et à la question préalable : cela s'explique facilement; vous savez que l'atmosphère ministérielle est composée de trois élémens, savoir : de molécules *orifères*, de molécules *honorifères* et de molécules *platifères.* Vous savez aussi que ces trois élémens, loin de se repousser, sont doués de la plus forte attraction pour la planète qu'ils environnent ; par conséquent, c'est au centre que la densité doit devenir plus forte, et c'est par conséquent là que le tempérament doit être influencé avec plus de vigueur.

Nous citerons encore, comme difficulté, l'explication d'un fait qu'on prétend avoir remarqué, et dont cependant je ne puis garantir l'exactitude : Quelques personnes ont assuré qu'on a vu voter *noir* et parler *blanc.*

Voici comment cette difficulté s'explique par le moyen de notre théorie : la couleur de la boule est déjà déterminée par la nature de l'atmosphère ministérielle ; elle résulte, comme nous l'avons déjà prouvé, de l'influence des sensations externes sur les organes de notre entendement.

Ce n'est donc pas la boule qui contredit la parole, mais bien la parole qui n'obéit pas à la boule; or, quel est celui d'entre vous qui est assez sûr de sa parole pour assurer qu'il n'a jamais failli; s'il peut soutenir cette assertion, nous lui soutiendrons, à notre tour, qu'il n'a jamais été ministériel, et qu'il ne le sera jamais.

Nous pourrions citer beaucoup d'autres faits qui viendraient à l'appui de notre théorie; par exemple, cette famille d'hommes dont les variétés sont si nombreuses, et dont M. B. occupe le premier rang dans la première espèce; cette famille, dis-je, influencée par la couleur de la robe et par la place particulière du fauteuil qu'elle occupe, vote toujours de la même manière contre ceux qui sont assis sur le banc des accusés, quoique, d'ailleurs, leur innocence soit souvent reconnue.

L. — Puisque vous êtes toujours prêt à donner des explications, veuillez me prêter un moment d'attention, et puis vous expliquer. Vous m'aviez dit souvent que nous avions le droit de publier nos pensées; je voulus profiter de ce droit; je me présentai chez un journaliste avec un petit article que j'avais composé, dans le but de prouver que la *Quotidienne* avait eu besoin de faire parcourir à une division italienne, l'espace de 42 lieues dans un jour, pour la faire arriver sur le champ de bataille où elle avait mis en déroute le général Pépé, et toute son armée. Le journaliste m'a ri au nez d'un air goguenard, en me disant : « *Sans doute Mon-*

sieur ne connaît pas la censure : » « — Pardonnez-moi, Monsieur, ai-je répondu. » — *« Eh bien, sachez qu'elle ne permettra pas l'insertion de votre article :* elle est beaucoup plus sévère depuis que quelques membres ont donné leur démission ; ils croyaient, ajouta-t-il, que leur règne allait finir ; mais ils commencent déjà à se repentir de leur retraite trop précipitée ; ils auraient pu conserver leurs places encore 15 jours de plus, sans perdre la gloire qu'ils ont acquise, en reniant leurs collègues vers la fin de leur session. »

Impatienté de ces obstacles, je voulus me faire imprimer à mes frais, et pour cela je me présentai chez un honnête imprimeur, qui m'assura qu'il perdrait son état s'il consentait à imprimer mon petit opuscule. « Mais, Monsieur, lui dis-je, est-ce que la liberté de la presse n'existe pas ? » « — Pas pour nous, me dit-il, car nos brevets sont entre les mains des ministres, et ils s'en servent comme de l'épée de Damoclès pour nous épouvanter. »

Résolu de ne plus écrire, afin d'éviter les ciseaux des censeurs et la prudence des imprimeurs, je voulus me faire philosophe. Sachant que les nouveaux Platons allaient philosopher sous les portiques *Duplessis,* je me rends en toute hâte dans le pays latin.

Avant d'entrer dans le sanctuaire, je m'arrête pour lire une grande affiche, qui porte pour titre : *Programme des cours publics.* La lecture finie, je me dispose à entrer au cours public pour entendre discourir le professeur, lorsque je me vois arrêté par deux *laquais scientifiques,* qui me demandent ma carte : « Messieurs, leur ai-je dit, si vous saviez lire, vous sauriez que le cours est public. » « — Oui, Monsieur, il est public, mais on ne peut y entrer sans une per-mission. »

Rebuté de nouveau, abreuvé de dégoût et de contrariétés, je voulus écrire dans un journal de savans : le premier article que je présentai fut une dissertation raisonnée sur les travaux de deux savans très-connus ; je voulais montrer que l'un avait fait les découvertes, et que l'autre les avait rédigées avec assez de goût, mais que, cependant, leur gloire était inégale : on me dit que la censure, qui protége les *bons hommes de lettres,* s'opposerait à l'insertion de mon arti-cle ; d'ailleurs, m'a-t-on dit, celui des deux sa-vans à qui vous donnez la palme est peut-être entaché de quelques idées libérales, et vous sen-tez que, dans les circonstances présentes, il se-rait inconvenant de l'élever à la hauteur de son rang.

Sans être touché de ces observations, je dûs me résoudre à renoncer à cet article. « Ecrivez un article apologétique, me dit un des censeurs, et je vous promets que vous serez respecté jusques dans les plus petits détails. » Je profitai de l'avis, et j'écrivis l'éloge de Cicéron : muni de cette nouvelle production, je cours chez les nouvelles Parques, et je dépose mon manuscrit entre leurs mains venimeuses.

Il n'y avait pas un quart d'heure que j'étais rentré chez moi, lorsque je vois arriver M. A*** avec mon manuscrit dans ses mains : « Vous voulez donc vous perdre, me dit-il; n'avez-vous pas lu le discours de M. de P**; ne savez-vous pas qu'on ne doit plus parler des Grecs, ni des Romains, parce qu'ils ont eu le malheur de méconnaître les vrais principes de la légitimité? »

Pénétré très-profondément de l'observation judicieuse de M. A***, je repris mon manuscrit de ses mains, et je m'adressai poliment à une autorité influente, pour savoir ce qu'il me serait permis d'écrire pour ne compromettre ni ma liberté, ni le brevet de l'imprimeur, dont la conscience serait assez peu timorée pour se sacrifier pour mes intérêts. « Ecrivez, me dit cette autorité, sur l'administration des finances : » Je

suivis ce conseil de point en point, et je termi-
nai, en quelques jours, un Mémoire in-4e,
dans lequel je développais, avec détail, tous les
différens articles du budget. Je croyais avoir
rendu un service signalé, parce que je m'étais
donné beaucoup de peine pour prendre tous les
renseignemens possibles dans les bureaux ; mais
au moment de publier mon travail, l'on me fit
savoir de m'en abstenir, parce que, me disait-
on, vous serez accusé d'avoir mis le ministre en
contradiction avec lui-même. Je sentis que l'observation était juste, et je renonçai à ce projet,
en maudissant encore mon mauvais destin.

M. — Faites comme moi, et vous n'éprouve-
rez pas de contrariétés.

Je viens de faire l'apologie d'une belle administration : mon Mémoire est très-long, et
cependant il a été lu tout entier, et imprimé aux
frais d'une certaine coterie, chargée d'entretenir
le feu sacré des cassolettes qui embaument les
salons des ministres puissans.

Je fais voir assez clairement, dans ce Mémoire, pourquoi l'on a conservé l'activité aux
officiers de l'artillerie et du génie, quoique, cependant, ils soient sonpçonnés de professer des
principes tant soit peu libéraux. Je montre, en
même temps, qu'étant citoyens, ils ont dû

payer une contribution personnelle, et ils la payent en effet; mais je prouve, en même temps, qu'on n'a pas dû y astreindre les officiers d'infanterie et de cavalerie, et c'était là ce qu'il y avait de plus difficile à prouver, car la raison ordinaire ne met pas de distinction entre eux. Cependant nos raisonnemens sont inattaquables, puisqu'ils s'accordent avec l'expérience, qui est, comme vous le savez, la pierre de touche de toutes les théories. D'ailleurs, cette théorie fut confirmée de mille manières différentes; et parmi les résultats que j'obtins, j'en trouvai un surtout qui me parut admirable : je crus d'abord qu'il était erronné, tant il me parut absurde. Il consiste en ceci : *Dans un des corps royaux dont je viens de vous parler, il existe certaines époques où la solde décroît lorsque les services augmentent.* J'avoue que j'eus de la peine à me familiariser avec un tel principe ; mais après avoir examiné, de vingt manières différentes, tous les raisonnemens qui m'y avaient conduit, je trouvai qu'ils étaient exactement vrais ; et pour ne laisser aucun doute sur cette question, je cherchai à vérifier mes résultats par l'expérience. Je ne saurais dépeindre la joie que j'éprouvai, lorsque je vis que l'expérience m'était favorable ; car je trouvai dans le journal militaire :

Capitaine ayant quatre ou cinq ans de grade.
Solde. . . . . 2,500 fr.

Capitaine ayant six ou dix ans de grade.
Solde . . . . 2,000 fr.

Enorgueilli d'un tel succès, je continuai mes recherches sur un terrain qui offrait tant de lauriers à cueillir.

Une réclamation de quelques généraux me frappa plus particulièrement; je vis qu'elle était recommandée par le général F**, qui en avait reconnu la justice.

Quel honneur, me suis-je dit, si je puis détruire les assertions de l'honorable député : il y a, dit le général F**, deux listes de proscrits : la première liste est composée de ceux qu'on croit moins coupables, et la seconde contient les noms des plus coupables; mais par suite d'une grâce que le Roi a accordée, ils sont rentrés en France; les coupables ont, comme auparavant, leur solde, et les autres en sont demeurés privés.

Tel est l'état de la question ; elle paraît simple, cependant elle m'a donné beaucoup de peine ; et ce n'est qu'après avoir bien réfléchi que j'ai trouvé la véritable solution. _

Le ministre, me suis-je dit, est un grand seigneur, personne ne peut en douter; or, l'évangile dit que les premiers seront les derniers et que le Seigneur élève ceux qui s'abaissent; donc, ai-je dit, la première liste, qui est celle des moins coupables, doit être nécessairement payée la dernière, ou plutôt, elle ne doit pas être payée, puisqu'il n'y a d'argent que pour une seule liste.

Je voulus ensuite chercher pourquoi les légions avaient été changées en régimens. La première idée qui me vint dans l'esprit, fut d'en attribuer la cause au discours de l'honorable M. P. Le nom de légions, me suis-je dit, nous rappelle l'idée des légions romaines, et M. de P. nous a recommandé de proscrire tout ce qui peut rappeler le souvenir des peuples qui ne furent ni chrétiens, ni partisans de la légitimité. Mais je ne tardai pas à m'appercevoir que cette explication, quoique très-naturelle, avait cependant l'inconvénient de laisser indécises quelques difficultés qui s'étaient élevées. Je savais que des malveillans laissaient entrevoir que ce changement n'avait d'autre but que d'éliminer quelques milliers d'officiers de la façon du maréchal Saint-Cyr. En mon particulier, j'étais bien persuadé que ce n'était pas les véritables raisons qui avaient présidé à ce changement; mais il est intéressant de communiquer au public ma propre conviction, et je crois que mes raisons ne manqueront pas de produire ce but. La France étant essentiellement religieuse, et la religion étant *le principe, le but et la fin de la légitimité*, il est essentiel que les ministres de la religion aient *une tendance vers ce but, qui est la légitimité et la morale religieuse* : or, le moyen le plus sûr d'y arriver, c'est de faire la conquête de l'impiété, et personne n'est plus propre à remplir cette sainte mission que les soldats évangéliques, connus sous le nom respectable de *missionnaires*.

Cette armée, qui est déjà très-nombreuse, aura besoin de se diviser, afin de se porter sur tous les points du royaume où l'impiété se montrera; par conséquent, il est nécessaire de réserver un nom particulier pour chaque détachement qui partira pour la guerre de l'impiété, afin d'encourager et d'entretenir une honorable émulation. Or, on ne peut pas leur donner le nom de régiment, car on usurperait un nom étranger, et l'usurpation est directement opposée à la légitimité, qui est le culte privilégié des missionnaires. Il a donc fallu leur réserver le nom de légion : et notez bien que l'observation de M. de P*** ne trouve pas ici d'application directe, car vous savez que l'Écriture sainte nous parle quelque part de légions de démons et de légions d'anges : tel est en résumé le mémoire qui a été si bien accueilli.

L. — Permettez, mon cher ami, que je vous fasse part d'une lettre qui a quelque rapport avec le sujet dont nous parlons maintenant, elle est d'un de mes amis qui occupe une place de capitaine dans un régiment : Nous venons de recevoir, m'écrit-il, un jeune aumônier de vingt-deux ans : ma première idée, en le voyant arriver, fut de déplorer son sort : comment pourra-t-il se substanter, me suis-je dit, avec sa solde qui, sans doute, ne s'élève pas à cinq cents francs, car c'est là la taxe de la plupart des vieux curés qui passent leur temps à faire des aumônes, et à porter les consolations de leur saint ministère chez le pauvre, qui les appelle au pied de son grabat, pour recevoir leurs saintes bénédictions. Penseriez-vous, me dit mon ami, combien j'étais dans l'erreur : notre jeune aumônier se trouve le premier capitaine du régiment, et outre les appointemens de ce grade, il a par dessus nous, des fourrages qu'on lui paye en argent, parce qu'il n'a jamais eu de cheval.

M. — Vous jugez trop hardiment les intentions de Son Excellence : le ministre se trompe rarement, car il suit un système dont il ne se départit jamais ; si votre ami avait bien réfléchi, il aurait trouvé que ce qu'il blâme, doit être l'objet de son admiration. En effet, ne savez-vous pas que ces messieurs sont les soutiens du trône et de l'autel, et n'avez-vous pas lu quelque part qu'un prophète, en parlant aux soutiens du trône et de l'autel, leur dit : *mettez du foin dans vos bottes.* Or, comment voulez-vous que la prophétie s'accomplisse si vous leur enlevez les fourrages?

FIN.

DE L'IMPRIMERIE D'ABEL LANOE, RUE DE LA HARPE.